Rudolf Pernusch

Kunterbunt
See, Berge und ein leicht verwirrter Alter

Vom Jubel in die Agonie
Texte von Rudolf Pernusch

Bibliografische Information
der Deutschen Nationalbibliothek:

Die Deutsche Nationalbibliothek
verzeichnet diese Publikation in
der Deutschen Nationalbibliografie.
Detaillierte bibliografische Daten
sind im Internet über
http://www.d-nb.de abrufbar.

Alle Rechte der Verbreitung,
auch durch Film, Funk und Fernsehen,
fotomechanische Wiedergabe,
Tonträger, elektronische Datenträger und
auszugsweisen Nachdruck,
sind vorbehalten.

www.vindobonaverlag.com

© 2024 Vindobona Verlag

ISBN 978-3-903574-38-0
Lektorat: Kristina V. Heilinger
Umschlagfoto:
Przemyslaw Iciak | Dreamstime.com
Umschlaggestaltung, Layout & Satz:
Vindobona Verlag

Gedruckt in der Europäischen Union
auf umweltfreundlichem, chlor- und
säurefrei gebleichtem Papier.

Inhaltsverzeichnis

Rückerinnern 9
Gewaltakt 11
Die schwarze Tafel 12
Zwiegespräch 14
Heute, wann ist morgen 16
Fünf schwarze Kugeln im Auge 19
Hagel 21
Zusammenbrechen 23
Die Blonde und ihr Schicksal 25
Entdeckungsreise 27
Soll ich husten? 29
Müder Wanderer 31
Verscheuchen 33
Fingertrommeln 34
Denn die Sonne kennt keine Scham 36
Weil der Tag bald endet 38
Wäscheleine 40
Schreien 41
Kohlkopf 43
Hier oder dort 45
Mit 25 Jahren 46
Fauteuil auf dem Balkon 47
Geträufel 49

Ernst und trocken	50
Blätter im Spätsommer	51
Kein Hahn kräht danach	52
Singen	53
Husten und Hunger	55
Weitermachen	57
Abwinken	59
Ascension oder Christi Himmelfahrt	61
Etwas ziellos	64
Wie geht es mir	66
Einblenden	67
Messen und Vermessen	68
Schulter	69
Klanglos	70
aber auch das geht vorbei...	71
Entrümpeln	72
Sonne	74
Blick in den Abend	76
Was weiß ich	77
Sonnenbrand	78
Ausweglos	80
Verdoppelung	81
Der Einsame	82
Er geht vorbei	83
Müde	84
Wahllos	85

Auf staubigen Wegen	86
Selbstbesinnung	87
Die verlorene Melodie	88
Dem Atmen lauschen	90
Selbstbetrug	91
Sag mir ins Ohr	92
Freudloser Morgen	93
Die steile Treppe	95
Sterne	97
Absatz	98
Wessen Nächster bin ich	100
Wie schön ist es	101
Geschöpfte Schöpfung	102
Galopp und Flucht in den Abend	103
Dreimal sagen	105
Darauf los gekritzelt	106
Pause	107
Alt und jung	108
Paradies	109
Wegdrehen	110
Beruhigung	112
Sieg oder Niederlage	115

Rückerinnern

Ich lehne mich zurück, da ist es,
zurück wie ein lächelnder Mund,
der ein Summen beginnt, ein Lispeln verspielt,
intoniert und schon sind sie da, die Lieder:

Adieu, mein kleiner Gardeoffizier
und dann blühen auf der Heide die letzten Rosen
und ein Lied, unsagbar schön, geht um die Welt
und alle die Klänge und Bilder,
die blinde Zara Leander, die noch nicht blind,
und der berauschende Kitsch meiner Jahre,
da ich sie hörte und mitsang,
vielleicht nur in mir, verhalten,
aber sie waren da, die Lieder
und wurden zum Marsch,
dem Rhythmus des befohlenen Marschlieds.

Dann war ich wieder im Knabenchor
unter der tausendjährigen Eiche.
Und was habe ich gesungen?
Volkslieder? Aber hast Du dort oben vergessen,
vergessen auf mich?

Jetzt bin ich allein und zurück an dem Tag,
der nur andere Lieder kennt,
die ich nicht kenne, nicht singen kann,
denn das Pochen des Schlagzeugs betäubt
und zerreißt den Gesang.

Ich stehe mühsam von meinem Sessel auf,
die Lieder verstummen, ich gehe in die Küche,
um mir einen Nescafé anzurühren.

Gewaltakt

Jetzt aber scheint der Augenblick
günstig, erneut und mutig zu versuchen,
etwas zu schreiben, das jenem annähernd scheint,
das sich in mir wie halb verhüllt von Nebeln
der Verzweiflung über das Versagen
der einmal doch halbwegs talentierten
und nunmehr fast verschwundenen Begabung
für das Wort entspricht.

Wenn ich mich nun zum Wachen zwinge,
mit klammen Fingern gierig danach greife,
dem Wort, das sich nicht fügen will,
es zum gefügigen Vasallen mache,
was wäre damit schon gewonnen,
durch solch sinnloses Betasten,
am Ende unterdrückendes Verhalten,
das nur zerstörend wirken und sich kaum,
wohl nie, als konstruktiv erweisen kann.

Die schwarze Tafel

Den Bildschirm habe ich auf schwarz gestellt,
um dort mit weißen Lettern anzuzeigen,
was ich zu zeigen wünsche.
Wie ich jetzt starre auf die schwarze Tafel
öffnet sich ein Bild vor mir und darin
sehe ich mich als ziemlich ordinären Sünder
auf einer brachen Ebene, die sich ins
Unermessliche verliert,
vor einer Tafel,
die dort aufgestellt wurde und wartet,
dass ich auf ihr bekenne.

Bekennen,
was mir angelastet, von einem Außen,
das sich nur durch bewegte Bilder
rätselhaft vernehmlich macht,
obgleich, was man als Wahrnehmung bezeichnet,
reichlich geschwächt ist,
weil ich nicht zu erkennen vermag,
ob es wahr, ob es Wahrheit ist,
was sich den Sinnen bietet.

Was also schreibe ich auf diese Tafel
und warum sollte ich mich beugen
einem Gebot,
das nur die Forderung erkennt
und nicht den Händedruck
zum Wunsche und Verstehen.
So bleibt die Tafel leer
und ihre Schwärze bietet sanften Trost
bei meiner Rückkehr in den Tag.

Zwiegespräch

Warum ist es, dass ich bei manchen Worten
fast einen Ekel schmecke auf der Zunge,
selbst wenn ich sie nur denke und nicht spreche.

Dies ist der Fall beim Wörtchen *Zwiegespräch*,
das zu ersetzen ich vermeiden möchte
durch ein durchaus korrektes „*Dialog*".

So auch an diesem Morgen beim Versuch,
ein Zwiegespräch in mir entstehen zu lassen
zwischen mir und einem, sagen wir, Zwie.

Ich dachte gestern wieder an den Baum,
von dessen mildem Schatten ich geschrieben,
und der aus mir zurückzuziehen sich weigert.

Ist dieser Zwie der Baum und wie verläuft,
wie könnte es verlaufen das Gespräch,
in dem ich einmal ich bin und dann Zwie.

Wie oft muss ich das Zwie in mir noch hören
und mich nach Varianten suchen lassen,
bis dieser störende Geschmack verschwindet?

Ob es genügt, ein anderes Wort zu wählen,
Wechselrede und -gespräch zu verwenden?
Doch auch der Wechsel will mir nicht gefallen.

So werde ich versuchen, es durch Selbst,
mit Selbstgespräch zu ersetzen,
was zwar besser ist,
doch sollt ich Rede und Gespräch vergessen,

den inneren Vorgang einfach mir nur denken.
Ich überlege mir, es zu ersetzen,
bis ich ermüde und nicht weitersuche.

Vielleicht gibt sich der Zwie damit zufrieden?
Ich sollte ihn und mich nicht weiter fragen.
Dann keimt und wächst aus Zwiespalt
Harmonie.

Heute, wann ist morgen

Immer von Schmerzen und Leiden zu reden
und dann dies sogar noch in Verse verkleiden,
kann man kaum als wertvollen Gebrauch
der den Alten verbliebenen Zeit betrachten
und nur um dies klarzustellen,
ich sollte mich oder vielmehr muss mich
auch in diese Kategorie
der greisen Raunzer einordnen!

Was aber kann man denn sonst noch erzählen,
wenn man nicht zu Lüge und
Täuschung wechseln will,
obwohl man ja nie weit davon entfernt ist.
Sollte man also von der Liebe reden
und die herrlichen Freuden
der Jugendlust finden,
wenn dies in der Ekstase noch möglich ist,
die Flucht aus dem Alltag in die Phantasie.

Einst, also vor langer, längerer Zeit,
half mir der Wein, vielleicht auch der Tabak,
um mich in eine Scheinwelt zu versetzen.
Doch das ist vorbei und aus,
kein Tabak, fällt mir nicht mehr schwer,
aber auch der Wein?
Selbst ein kleines Glas, das mir durchaus
gestattet wäre,
vermeine ich als Beeinträchtigung zu spüren,
und das nicht im positiven Sinn,
den es damals hatte,
und auch der Geschmack?
Eher bitter und scharf,
kein Genuss.

Was also gibt es zu sagen,
wenn kein Entrinnen verbleibt und ich nur frage,
wovor entrinnen und wozu?
Ach könnte ich nur,
könnte ich den Ton finden,
der solche Botschaft tragen kann!

Dann aber sagt mir das wenige an Verstand,
über das ich noch zu verfügen meine,
dass ich doch kein Prophet bin,
kein Verkündiger und Retter der Menschheit,
dass ich mich also nicht der Anmaßung
hingeben sollte,
eine Botschaft zu vermitteln,
vielmehr mich davor hüten,
das Lästige und Ärgerliche
nicht auf andere abzustreifen,
und ich meine, es wäre an der Zeit,
friedlich zu werden mit mir
und was mich bedrängt,
und es zu vertragen,
ihn vertragen, den Schmerz,
und hoffen, dass ich ihn weglächeln kann,
vielleicht einmal,
wann?

Fünf schwarze Kugeln im Auge

Fünf Kugeln rollen in meinem rechten Auge
und sie sind schwarz und es scheint,
als wären sie aufgehängt,
auf einem unsichtbaren Seil,
sodass sie sich drehen und wenden können,
trennen von einer zur anderen,
doch immer gemeinsam,
und sie sind in ihrer Größe
– zwei groß, drei klein – unverändert.

Wenn ich denke, wie sie aus
der dünnen Rohrspitze
der Injektionsnadel heute träufelten …
beachtlich!
Nun aber warte ich,
warte auf ihre Veränderung,
das Aufgesaugtwerden oder wie oder …?

Und ich bin gar nicht fröhlich und
ich hätte gerne
ihr Verschwinden, ihr Nützlichwerden,
um meine Sicht noch für einige Zeit zu retten.
Aber fünf schwarze Kugeln
sind keine Ansprechpartner
und so werde ich versuchen,
ob ich mit ihnen einschlafen kann
und hoffen, dass sie dann am Morgen
verschwunden sind.
Optimist? Naja, was sonst?
Gibt es denn Alternativen?
Gute Nacht, Kügelchen.

Hagel

Jetzt reicht es mir, es ist zu viel.
Ich kann nicht ständig klagen,
da ich doch weiß, dass dieses Flennen
ganz unnütz ist und ohne Wirkung.
Was aber kann ich tun, versuchen nur,
für eine kurze Pause mich zu befreien
von allen von den Belastungen
und Schmerzen.

Schreien ist ein schneller Vorschlag
ohne Wert,
denn was ich schreie, bleibt in mir
und keiner nimmt es ab.
Selbst wenn mich jemand hörte,
Mitgefühl entwickelte, ist dies nur
ein kleines Fragezeichen, mich zu erfreuen.

Wozu jedoch, es bringt nur näher
und entfernt mich nicht um einen Schritt
von jenem Punkt, an dem ich nicht
mehr meiden,
nicht mehr betäuben kann den Schmerz,
der mich zerbrechen will.

Doch keine Änderung will sich gestalten.
Hinaus! Ich taumle in den Wirbelsturm
des Nachmittags und seinen gelben Himmel,
bis mich die Hagelkörner niederpeitschen.

Zusammenbrechen

Was hebt mich an,
was steigt empor
um mich zur späten Stunde,
wenn ich mich irgendwo verlor,
in einer Stille, einem leeren Hintergrunde
und zwischen meinen Lippen
bebt kein Wort in meinem Munde.

Verlassen denke ich, wovon verlassen?
Und langsam schreite ich weiter,
in jenes Bild, das ich jetzt vor mir sehe,
ich wandere hinein,
setze Fuß um Fuß.

Fern von der Brandung weicht das Meer.
Ich weiß um meinen Fußabdruck im
finstergrauen Sand,
der seine Sonnenwärme lang verloren
und meine Hand, sie schreckt
vor seiner Feuchte.

Bis in den müden Augen
helle Wolken schimmern,
vielleicht sogar dazwischen bläulich sanft
der Tag erstellt sich seinen Hintergrund.
Ich hör, wie langsam anhebt eine Melodie,
sich wiegt und schwingt vom Horizont empor,
wird stärker, lauter, wird zum Dröhnen:
Es stürzen tosend ineinander alle Elemente
auf mich als glühend heißes Blendlicht.
Mein Aufschrei!
Schrei,
vorbei
und auf den Rücken drehe ich mich,
die Augen offen,
sie starren in die Nacht.

Die Blonde und ihr Schicksal

Leben ist Leiden
so sagte sie, die kühle Blonde,
die nach diversen Gatten und auch deren
Nachwuchs
nun sich verklärt erweisen wollte,
doch ihre Reize weiterhin
und trotzdem zeigte und sie anbot.

Was wollte sie denn sagen,
wollte suchen einen Widerspruch,
um sich von ihrer Last befreien zu können?

Wie sehr verfehlt
und wie in sich zerstritten
ihr Dasein von den Lüsten der Vergangenheit
und jenen, die noch irgendwo verfügbar
auf sie warteten,
wie sehr verfehlt
war ihre Schau und sagte nur:
Seht her, ich bin es, die so leidet!
Und wenn Ihr könnt, erbarmt Euch meiner!

Dann aber schloss sie ihre Augen
um in sich zu sehen und sah
und sah und alles war so einfach
und gemein.

Entdeckungsreise

Leicht unterliegt man der Verführung,
die schon dem Wort *Entdecken* eigen,
das in uns auslöst eine Rührung,
wenn in der Phantasie sich Bilder zeigen:

von Südpolreisen, von Kontiki
von Dschungelforschern, Marco Polo,
bis uns erweckt das Kikeriki
und wir verstehen, dass es nicht so,
vielleicht ganz anders war und wir
für solche Reise kaum gerüstet.
Wo sonst noch finden das Pläsier,
das uns zu *entdecken* so gelüstet?

Wenn ich zum Beispiel ein Bonbon genieße,
die Hand das süße Ding legt in den Mund,
ich kaue, mach, dass es mit Speichel fließe
durch meiner Speiseröhre Schlund

in meinen Magen, wo es trifft
zusammen mit Verdauungssaft,
der es in die Gedärme schifft,
doch nicht für eine lange Haft:

Zum After treibt der Wind den Kot,
der heimkehrt in die Welt des Außen.
Doch was mir diese Reise bot
ist kaum Pläsier und grenzt an Grausen.

Es gibt dafür Alternativen,
die Atemluft, ein schäumend Bier,
die in mich drangen, mich durchliefen,
doch nicht befriedigten die Gier:

zu sehen, hören und entdecken
die bunte Vielfalt des Geheimen.
So spielt mein Sein mit mir Verstecken,
doch lässt die Hoffnung neu stets keimen.

Soll ich husten?

Lange lebt, wer lange hustet!
Schon öfters habe ich den Spruch zitiert,
doch heute kommt die Frage etwas anders
und ich sehe, dass ich von Krankheit spreche.

Das treibt mich an, dies weiter zu verfolgen,
und die Frage wird: Ist Leben Krankheit?
Wenn man auf diesem Pfade weiter geht,
wenn also dieses Leben Krankheit ist,
von der man sich befreien muss, dass jenes,
was man, so wenn man daran glaubt,
die Seele nennt, der Krankheit
kaum entrinnen kann,
um sich, was immer dies bedeutet,
das eben ich die Seele nannte,
woanders zu entfalten.

Und alles ist von der banalen Phrase
zum Husten abgeleitet!
Schon etwas seltsam der Gedankenfluss.
Unkontrolliert vielleicht erscheint er nur,
weil der Kontroller sich nicht zeigen will,
oder ist er in mir selbst versteckt
und lässt mich husten?

Müder Wanderer

Auch wenn die Müdigkeit sich auf dem Weg,
dem engen Weg, der zur Wahrheit führt,
so breit gemacht, mich zögern lassen will,
bleibt doch ein kleines Licht
am Ende der Allee,
das von den Schatten der Kastanien
nicht verdrängt,
mir fast ein Lächeln schenkt
und Hoffnung anfacht,
weiter zu gehen und nicht zu verzagen.
Denn jeder neue Schritt ist neuer Abschied
und leise träume ich am Abend
vom fernen Ziel
und einem Wiedersehen.

Wo aber war ich gestern und wo
werde ich heute meine Rast finden?
Wird der Morgen mich zum Aufbruch wecken,
mir Mut schenken und die Kraft,
den Versuchungen der mich
bedrängenden Welt
zu widerstehen und sie zu überwinden,
denn der Kampf kennt kein Ende
und ich weiß,
dass die Tage mir geschenkt,
doch für den Preis,
dass ich sie tiefer atme und
weiter jeden Schritt
behutsam in das Ungewisse wage.

Verscheuchen

Mit einer schnellen Geste
scheucht man ein Insekt von sich
und braucht dafür kaum zu verschwenden
seine Aufmerksamkeit
und auch der Tod der mich
belästigenden Kreatur
scheint es nicht wert, gerührt zu sein
oder betrübt.

Wie aber kann ich mich erwehren,
wenn der Angriff kommt von innen,
den eignen Körper sich als Schlachtfeld wählte
und ich mich hilflos sehe vor Attacken,
dem Säbelklirren und den Schmerzen,
die kein Gliederschütteln zum
Verstummen bringt.

Vielleicht hilft es ein wenig, zu versuchen
sich hinzudrehen nach des Tages Helle,
sich anzuklammern an den frohen Klang,
den der Wind ganz kostenlos mir schenkt,
auch wenn ich mühsam nur, fast undankbar
mich daran kaum erinnern kann.

Fingertrommeln

Die Finger trommeln einen Marsch
auf einem Tischtuch weich,
das Blut weicht aus den Fingerkuppen,
sie werden seltsam bleich.

Doch dreht sich niemand um zu mir,
ich bleibe unbemerkt
und niemand weiß um mein Pläsier,
das Trommeln mich bestärkt.

Ich trommle,
jedoch kann es mir passieren,
dass diese Finger stocken
und ich erkennen muss,
dass wirkungslos mein Locken,
weil ich allein und selber kaum
verstehe, was ich tippe.

Wenn ich ein Gläschen Wein nur kippe,
so wird der Rhythmus angeregt,
der meine Finger so bewegt
und ich versuche hinzuhören,
ob ich etwas erkennen kann …

Die Finger lassen sich nicht stören,
nur hin und wieder, dann und wann,
halten sie zu einer Pause ein.

Was ist der Sinn dieser Erregung,
was hat sie angeregt,
ist es ein Fluch,
der mir vermittelt wird durch dieses Tuch,
das weiche Tischtuch,
das mein Trommeln schluckt.
Sind Zauberworte darauf abgedruckt?

Weg mit dem Tuch!
Wie schön ist doch das glatte Holz,
auf dem mein Trommeln widerhallt.
Mein Trommeln, es gewinnt Gestalt
und Klang und Melodie
für mich, den Trommler, nur allein.
Ich bin sein Herr und darauf stolz
und nach dem nächsten Gläschen Wein
gebiet ich: Halt!
Und lass das Trommeln sein.

Denn die Sonne kennt keine Scham

Ob das kostbarste Kleid schmückt und verhüllt
den vertrockneten Leib,
um ihn vor der Welt zu verstecken,
ob die ärmliche Nacktheit
scheu im Schatten verbleibt,
der lauteste Schreier selbst sich
zum Sieger erklärt.
Blindäugig spendet die
dummtaube Menge Applaus.

Am Ende des Tages kündet Frau Schicksal an,
dass sie den Suppentopf umrühren werde,
um alles Gemisch gleichmäßig zu erhitzen.
Der schützende Deckel hebt sich
vom Schaume getrieben
und die brodelnde Masse läuft über,
läuft über, läuft über.

Lachend klatscht in die Hände die Wirkende.
Vielleicht, dass eine Stimme noch
stöhnt und lispelt,
wenn der Rauch den Gestank
des Verbrannten verbreitet
in die unendlichen Folgen.
Da liegen sie alle,
die von gestern und morgen
zusammengeschmolzen.

Der Himmel ist wolkenentblößt,
lichtblau und fern.
Alle sind wieder da, gleich und verschieden,
und sie warten, das Kleid, der vertrocknete
Leib und die Nackte.
Aber die Sonne, sie kennt keine Scham
im reglosen Tag, dem nie endenden Heute.

Weil der Tag bald endet

Einfach ist es nicht,
das gilt nicht nur für mich,
auch für Herrn Toulemonde und seine Frau
und wer auch immer,
denn man hat bestimmte Zeichen,
Wege, die man kennt oder zu kennen glaubt,
und so verläuft das Leben in Routine.

Was soll daran nicht einfach sein,
da alles doch so unbeirrt
dem blinden Marsche folgt,
ob klaglos oder hoch beglückt,
nichts ändert es an dem Verlauf.

So ist es einfach für den einen,
der nicht denkt und folgt,
was auch der andere befolgt,
weil er es muss,
doch gegen alles Wollen.

Drum ist es auch einfacher,
sich nicht nach etwas umzudrehen,
von dem man weiß,
dass es dort hinten ist und bleibt,
und sich darum nicht kümmert,
ob einer der Marschierer sich
Gedanken macht,
die ohnehin nichts frommen.

Wäscheleine

Ob etwas hängen bleibt
von dem, was ich erlebt
und meistens schlecht verstanden,
was soll's und wo sollte es hängen?

Im Garten der Erinnerungen
ist eine Wäscheleine ausgesteckt
und manches, was dort flattert,
scheint mir fremd,
als wäre es nicht Teil von meinem Lebenslauf.

Getrocknet sind schon lang die Badetücher
nächtlicher Tollheiten und der Eskapaden
jugendlichen Übermuts.

Nur ein vereinzelt Taschentuch
trägt noch die Feuchte jener Tränen,
die die Geliebte einst vergoss
– wer sie wohl war –
in der Verzweiflung über eine Trennung,
für die der Anlass längst vergessen
und kaum ein Sperling von den Dächern
mehr sein verleumdend Liedchen pfeift.

Schreien

Du! Hörst Du mich, Du?
Und wie ich mich zu Dir wende
schreie ich, ich schrei Dich an,
denn Schreien erleichtert.

Jedoch nur, während man schreit,
und nachher beginnt gleich
ein Ärgern, ein Schämen,
dass man sich gehen ließ,
dass man schrie,
was eigentlich ein Seufzen hätte sein,
eine Bitte um Hilfe,
Verständnis.

Mit dem Schrei ist dies zerstört,
gebrochen und verloren,
nur weil ich geschrien,
weil ich mich gehen ließ
und so meine Schwäche verriet,
mit diesem Schrei,
den ich gerne zurücknehmen möchte.

Du! Hörst Du mich,
wenn ich nicht schreie,
wenn ich nur leise,
fast flüsternd meine Angst gestehe,
Dich bitte zu vergessen,
denn ich bin nicht so,
bin nicht nur so,
bin einer, der nicht schreien wollte.

Und Du, glaubst Du mir?
Oder schreist Du jetzt auch?

Kohlkopf

Genügt es, dass mein Kopf aus
dem Hals gewachsen
oder auch umgekehrt, der Leib
ihm entsprossen.
Das erinnert mich an den Häuptelsalat
oder den Kohlkopf, vom Markt,
wo ich ihn betastet, um sicher zu sein,
dass er frisch.

Was sind diese Bilder und verwirre ich
mich im Gemüse,
seit mich im Stundenrhythmus die Prostata,
die gutmütig zwar, wie man mir sagt,
doch aufdringlich und beharrlich treibt
zu einem Harnlassen,
schwächlich und tröpfelnd.

Du musst viel trinken, sagt meine Frau,
und stopft mich voll mit Äpfeln und Avocados.
Das begossene *Ich* rollt sich zusammen
auf einem Kanapee und versucht,
sich der Realität zu entreißen.

In kurzen Schläfchen entflieh
ich ins andere Land.
Dort im anderen Land kann ich noch laufen,
leicht mich erheben, aufschweben, fliegen!
Meinen klaren Blick tränkt noch die Welt
im harmonischen Spiel ihrer
leuchtenden Farben.

Hier oder dort

Den Vorhang habe ich nur halbgeöffnet,
um mir ein wenig Tageslicht zu schenken,
versuche ich, den Worten nachzugehen,
die sich so leicht verformen und verlieren,
da mir die dumpfe Stimme wiederholt
und wiederholt und mich daran erinnert,
dass sich der Jubelzeit der Phantasie
Erschöpfung anlegt, die mit Lähmung droht,
verloren in den Nebelschwaden der Ermüdung.

Dass draußen Frühling ist und lichte Sonne,
und weiter dort, wo gern ich weilen wollte,
die Luft so rein und frisch
die Lunge aufnimmt,
mich neu belebt, nein nur beleben könnte,
wäre ich dort und hockte nicht versteckt
hinter dem Vorhang, der nur halb geöffnet.

Mit 25 Jahren

Eine Nacht durchzutanzen,
auf einem Ball im Konzerthaus,
und mit ihr,
die damals als Ziel der schönsten Träume
mir erschien.

Dann,
am frühen Morgen, durch die Stadt
sie zu begleiten,
auf den leeren Straßen, den dunklen Gassen
bis zu dem Haus,
in dem sie wohnte, und der Abschied,
der war ein flüchtiger Wangenkuss,
und allein wanderte ich weiter
bis zu meiner ärmlichen Unterkunft,
unweit der Strudelhofstiege.

Fauteuil auf dem Balkon

Zurückgelehnt in meinen Fauteuil
lass ich den warmen Nachmittag
in meinen Gliedern wohlig sich verbreiten.
Mit halbgeschlossenen Augen folge ich
dem Spiel der blassen Wölkchen,
die sich einander zu- und
abzuwenden scheinen,
bis sie am Horizont sich in die Helle lösen.

Dann flattert hin und wieder eine Krähe,
vielleicht bisweilen auch ein andrer Vogel
vom dicht besetzten Gipfel eines Laubbaums
ab und rauscht, als suchte er nach Beute,
abwärts auf mich zu und steigt
steil als schwarzer Schrei wieder empor,
und dann, mit einem unmelodischen Rufen,
verschwindet er aus meiner Sicht.

Ich strecke mich und atme ruhig und tief
die trockene Luft und meine Hände tasten
fast froh die Hitze in des Sessels Lehnen.
Könnt er doch nur dauern, dieser Frieden,
der meine Glieder warm umfängt
und alle Schmerzen schweigen lässt.

Geträufel

Am Abend kam der Regen
und die Nacht,
sie sollte die Erfrischung bringen,
auf die die Stadt den ganzen Tag gewartet.

Doch was ist schon Erfrischung,
wenn das ärmliche Geträufel,
das den Namen *Regen* kaum verdient,
vom Staub der Straßen
und den heißen Dächern
so schnell verschluckt wird,
ohne sie vom Durste zu befreien.

Lass fallen,
lasst uns nicht Lobgesänge tönen
für die arme Gabe dürrer Wolken
und hoffen auf ein kleines Zeichen
der Vernunft in der Natur,
die irgendwo doch noch vorhanden,
oder nicht?

Ernst und trocken

Wer schert sich denn um meine Reflexionen,
nur ernste, triste Überlegungen
von einem Alten, der vergrämt und bitter,
wenn man doch singen will und jubilieren,
und suchen sich ein freudenvolles Leben.

Doch ich bin stumm,
kein Liedchen quillt aus mir,
kein schwächlicher, doch immer noch Gesang,
und schwarze Zeichen formen sich zu Worten,
Buchstaben purzeln auf Papier
und Bildschirm.
Ich sollte schweigen, dass die andern singen.

Blätter im Spätsommer

Noch sind die Blätter üppig und schwer.
Wenn sie ein leichter Wind berührt,
stört dies ihr Schweigen kaum.
Doch kommt mit Regenschauern ein Gewitter,
drehen und wenden sich die sonst stets Müden
und zittern.

Ihr Angstschrei wird
vom Donner weggeschluckt
und wenn sie ihre Kraft verlässt,
sie ihren festen Halt verlieren,
und abgerissen auf dem Boden landen,
begleitet sie nur ein verächtliches Ächzen
des verlassenen Baumes.

Kein Hahn kräht danach

Es ist nicht frühmorgens,
darum kräht kein Hahn,
doch diese Logik ist ärmlicher Wahn
und wird von einer fixen
Vorstellung ausgelöst,
die beharrlich verschwommen
im Schädel noch döst.

Die Jungen brauchen das Schlagzeuggetöse,
um Beine und Arme zum Bewegen zu bringen,
doch wenn man mich, den Alten,
zum Mitmachen stöße,
so würde ich mir von niemandem
Beifall einbringen.

Was also suche ich ständig, wo und warum,
und muss ich wirklich beweisen,
dass ich noch bin?
Nach dem, was ich schreibe,
dreht niemand im Grabe sich um
und einzig diese Erkenntnis bleibt
mein Gewinn.

Singen

Wie kommt es, dass ich nie mich fragte,
warum ich trällere, summe, singe,
und ob deshalb oder trotzdem
ich mich ein wenig anders fühle als zuvor.

Der trällert, summt und singt,
er ist ein anderer und doch in mir,
der auf zwei Ebenen das Bewusstsein
lässt verlaufen ohne Widerstreit.

Der Sänger in mir greift auch
nach dem Körper.
Er spielt mit meinen Beinen, wiegt den Kopf
und manchmal könnte ich fast glauben,
dass ein Tanzen mich durchläuft,

das mich in ein Außen trägt.
Erinnerungen steigen auf ...
wann habe ich dies wohl zuletzt gehört,
gesungen und was war zu jener Zeit?

Ist es Erinnern, ein Vergessen,
sich sinken lassen im Gesang,
einstimmen wollen in einen Chor,
aufzusingen, lobzupreisen,

ist es ein unbewusstes Beten, Flehen
zu einem Gott, an die Geliebte,
ein Suchen nach dem Unbekannten,
sich hinzuwenden, es zu besingen?

Die Augen schließe ich und meine Lippen
vibrieren das Echo einer Melodie
und wie sie in mir wächst, mich weitet,
werde ich licht und rein und froh.

Husten und Hunger

Husten hilft nicht, den Hunger zu stillen,
weder den, der den Magen zur Aufruhr drängt,
noch jenen, der die Leere im Schädel
schmerzhaft bloßlegt und sich wie
eine Lähmung
auf den Tag legt und ihn trübt.

Wie bekämpft man die eine,
wie die andere Schwäche?
Leicht ist's, den Magen zu trösten
mit einem Getränk,
einem Schluck, ob Wasser,
ob Bier oder dergleichen,
auch wenn dies nicht reicht,
doch gibt es die nötige Pause,
um sich nach weiterem zu bemühen.

Wie aber steht es um die Leere,
die den brummenden Kopf
nach Bewegungen greifen lässt?
Der damit Geschlagene sucht nach Lösungen,
Späße, banale Spiele und Bravorufe.
Doch ob das etwas bewirkt,
den Verlust, da es doch richtig sein muss,
davon zu sprechen und zu sagen,
dass eben vorher dort etwas gewesen,
das die Leere durch
sein Verschwinden bewirkte.

Besser ist's, sich hinter dem Husten verstecken
und warten, dass sich etwas entwickelt,
dort, wo man früher vielleicht
verschwenderisch verschenkte,
was uns jetzt fehlt.

Kaum jedoch findet sich eine Lösung
auf dem leeren oder gedeckten Tisch
und der Husten verhallt ergebnislos.

Weitermachen

In dem Kasernenhof des Lebens
steht kein Korporal,
der schrill mich anschreit: „Weitermachen!"
So zwinge ich mich selbst von Mal zu Mal
beim Ordnen meiner tristen Siebensachen.

Und weiter gehe ich auf meinem Wege,
der mit Rezepten angefüllt,
auch wenn ich oft den Zweifel hege,
dass meine wahre Lage bleibt verhüllt.

Nun freilich, ich bin ziemlich krank
und mit den Schmerzen fast per Du.
Doch glaube ich, dass, Gottseidank,
ich bin noch ich und schau mir zu,

wie ich versuche, Dichterling zu sein.
Doch ich bewahre meine Ironie,
gestehe, dass verdünnter Wein,
nur schwächlich anregt eine Euphorie,

die mich dem Augenblick entheben soll,
den Atem einer Scheinwelt zu genießen,
in der zum Dur sich gerne gesellt das Moll
und lässt das Kind nicht mit dem Bad
ausgießen.

Dann kehre ich zurück zur Erde.
Die Augen öffne ich und fange an zu lachen,
balle die Faust zur mutigen Gebärde
und rufe selbst mir ein schmerzhaft:
„Weitermachen!"

Abwinken

Abwinken,
wenn man genug hat,
genug von etwas, das man nie wollte
oder das nur deshalb abgewunken wird,
weil es nicht aufhört.
Dann, vielleicht, werde ich es los,
das Abzuwinkende,
was es auch sei,
ist,
immer stärker, bedrohlich wird,
was harmlos schien zu Beginn.

Abwinken will ich jetzt,
abwinken, was mich bedrängt,
immer schwerer auf mir lastet,
und war doch so leicht einmal,
damals, also vor der Zeit,
vor langer Zeit,
und jetzt muss es abgewunken werden.

Aber,
ist es, was ich abwinken will,
ist es damit einverstanden,
habe ich die Kontrolle
und darf ich sie ausüben
und wirkt es,
das Abwinken?

Die Augenlider brennen und lasten schwer.
Lass mich sie schließen
und dann,
vielleicht,
werde ich es los,
das Abzuwinkende,
was es auch sei,
ist,
wird?

Ascension
oder Christi Himmelfahrt

Auffahren,
ja ich fahre auf,
wenn man mich reizt,
doch frage mich nicht,
wie dieses geht, das Auffahren
in einen Himmel?

Dabei kennt doch ein jeder,
was man uns erzählt.
Doch wenige nur sind die,
die sich mit diesem Bild noch trösten lassen.
Denn jener, der damals aufgefahren,
er fuhr hinauf in einen Himmel,
den er sich selbst geschaffen,
oder war es doch sein Vater,
der ihn gebastelt?

Der Schöpfer, der am Anfang war
und diesen aus sich selbst geschaffen
und dann gestattet,
dass sich alles hin zur Zerstörung drängte,
der dem, was er geschaffen,
auch eingab die Idee von der Vernichtung
seiner selbst.
Um schließlich das Geschaffene zu reparieren,
es zu erneuern, aufgeopfert seinen Sohn.

Welch Bau, der ständig sich zerkrümelt,
welch Sein, das sich durch Änderung nur
retten kann, und schließlich fährt
das Ganze irgendwie ins Nirgendwo
und schenkt den Himmel jenen,
die ihn sehen wollen und ihn preisen.

Ich aber, ich rede mir gut zu,
ich habe mich etwas verfahren,
denn diese Auffahrt,
sie ist allzu kompliziert für einen,
der ständig an den eigenen Fragen nagt
und schluckt, um sich daran nicht
zu verschlucken.

Etwas ziellos

Wenn eine Blume trüge der Rasen,
auf dem ich langsam zögernd
meine Schritte setze,
zu einem Ziel, irgendwo wie nirgendwo,
fremd und fern.
Und alle, die mit und neben mir
auf dem Rasen wandern,
sie sind sich fremd,
einander unbekannt.

Der Rasen ist so eigen
und sich selber ähnlich,
nichts schmückt ihn und in dieser Gleichheit,
Monotonie der Banalität,
wie kann ich mich nach
dem Besonderen richten
und die müde Hand anregen,
sie nach einer Blume suchen lassen.

Die Idee weitet sich in mir,
dass ich sie atmen kann,
die Blume,
die der nächste Windstoß mir entreißt.

Blume sage ich
und es ist das Wort,
es trägt sein Aroma,
es erhellt den Weg vor mir
und leichter wird mein Schritt.

Wie geht es mir

Wie geht es Dir, fragt mich mein Sohn
und stößt mich damit in ein Wirrwarr
von Problemen, denn ich kann ihn
freilich und mit klassisch kurzen
oder anderen Phrasen von mir weisen
oder mich und ihn belügen.

Was bringt es schon, wenn einen anderen
der mich wahrscheinlich liebt,
wenn ich auch dessen niemals sicher bin,
ihn mit der rohen Wirklichkeit begegne,
ihn brutal mit meinem Schmerz belaste?

Ich flüchte mich mit einem
„Umständen angemessen",
das ich mit einem „Naja" noch verschönere.
Auch hilft ein „Ich gewöhne mich daran,
denn es ist ja normal in meinem Alter."
und so gelingt die Flucht.
Ich danke Dir, dass Du so an mich denkst
und Dir, wie geht es Dir?

Einblenden

Leicht gedämpft fällt das Licht
durch das Fenster
und meinen so schnell ermüdenden Augen
bereitet der Tag eine fast zärtliche Berührung.
Und die Bilder steigen auf...

Die schlanken Gestalten
der sommerlich lichten
sich drehenden, wiegenden Körper,
die straffen Schenkel,
das rhythmische Pochen der Hinterbacken,
die fast tanzend das Klappern
der Stöckelschuhe umkleiden,
all diese Fülle von Lebensgier,
die mir im Tage begegnete,
spiegelt auf dem Hintergrund meiner Blicke
in die leicht erhitzte Bewegung der Lider.

Ich schlucke, meine Erregung zu kühlen,
und das schrille Klingeln der Türglocke
stößt brutal mich zurück
in das graue Trübe des späten Morgens.

Messen und Vermessen

Muss denn jeder Schritt bemessen werden,
beurteilt und bewertet, selbst wenn man
nicht weiß,
ob die Richtung, ob der Weg zu
einem Ziele führt,
das man vermeint, gewählt zu haben.

Da kommt mir in den Sinn ein Wort,
das durch die mehrfache Bedeutung
bisweilen eine Einsicht öffnen könnte
und ein Verhalten.
Vermessen ist es,
das Fehler meinen kann, doch auch
ein Überschreiten dessen, was normalerweise
nach irgendwelchen Überzeugungen
als Reaktion betrachtet werden kann.

Das Maßband sollte man zur Seite legen
und auch den Schrittzähler und sich fragen:
Bin ich am rechten Ort und wählte ich ihn?
Versuch, dich mit dem Leben zu versöhnen.
Vergiss die Sucht, nach Besserem zu streben,
das sich allein in der Fiktion verbirgt.

Schulter

Über die linke Schulter tastet langsam
die Hand aus dem Schatten,
von dem ich weiß, dass er hinter mir lauert,
um mich zu stoßen, zum Stolpern zu bringen.

Der Sturz aus dem Hohlen ins kreisende Leere,
er reißt aus mir, was noch an Bewegung,
was noch ans Bewusstsein sich klammert
und der Schatten, er schlürft es,
genießt den Zerfall.

Doch ihn, den Stürzenden,
erwartet kein Aufprall.
Er irrt und sucht vergebens den fernen Boden,
der ein Ende bilden könnte, ein Ende
zum neuen Beginn eines anderen.

Klanglos

Ich warte, horche nach einem Inneren,
in dem ein Lied, eine Weise, oft
gesummt, geträllert sich meldet, oft
und mich nicht loslässt,
doch wenn ich es suche und greifen will,
entschlüpft es dorthin, wo ich vermeine,
dass es gewesen und nun nichts mehr ist
als Stille und Leere, in der ich enttäuscht
ins trübe Treiben klangloser Gedanken
auf uferlosem Meer versinke.

aber auch das geht vorbei…

Was geht nicht alles vorbei, oder alles
geht vorbei, sogar das Leben,
und das ist wohl bedeutsam, insbesondere,
wenn es sich um das eigne handelt!

Doch wenn man so wie ich sich fragt,
was das denn heißt, man kann's
verschieden deuten,
denn wenn etwas vorbei geht, geht es vorbei
an etwas, und wenn es vorbei,
geht es dann weiter und wohin?

Vielleicht ist das, was jetzt vorbei ging,
von dem, an dem es ging vorbei, gelöst
und frei, nicht mehr verpflichtet,
sich zu richten
nach einem Unbekannten, das nicht mehr
als Richter für den Gang bestimmt gewesen
und damit ist vorbei, was einst gegangen,
ins Unbestimmte ohne Richtung eingetreten.

Entrümpeln

Ich hätte einmal darauf geschworen,
gemeint, es wäre die einzige Wahl,
gewettet und wie auch immer verloren
der Nächstenliebe Almosenmahl.

Was ich geträumt einst, was gedacht,
den Kopf geschlagen an die Wand
und nicht gesehen, wie man mich verlacht
und mich verrückt oder lächerlich fand.

Was es auch war, das mich so bewegte,
war es der Erregung, des Eifers wert?
Es ist vorbei und Schweigen belegte
alles, was ich einmal verehrte.

Es ist wie ein Tasten nach trockenen Früchten
im weiten Korb meines schütteren Erinnerns,
wo die Ideen verkümmern und flüchten
zu anderen Lotteriengewinnern.

Allmählich gehe ich mir selbst auf die Nerven
mit dem beständigen Raunzen und Klagen,
den tristen Gedanken aus Ablaufkonserven.
Was gibt es dazu noch zu sagen?

Sonne

Sie strahlt und blendet, dickt die Luft,
dass man in ihr nach einem Fluchtweg sucht,
doch sie, die Sonne,
die die Wolken abgelegt
und ihre grelle Nacktheit
lähmend auf die Glieder niederbrennt,
mich keuchen lässt
bis ich in einen Schatten ihr entfliehe.

Ob dies die Strahlende bemerkt,
ob sie es hinnimmt,
dass ich den alten Laubbaum
mich zu schützen aufgesucht
und seinen Schatten,
ob sie sich kümmert
mich wieder einzufangen und zu brennen,
ob …

Sie hat wohl Besseres zu tun,
so rede ich mir Mut zu,
und wird vergessen,
hat mich vielleicht nicht wahrgenommen
andere dunkle Punkte wegzuleuchten,
denn der Tag ist lang und andre Tage folgen
und ich weiß,
ich werde aus dem Schatten treten müssen,
doch lass mich noch ein wenig ruhen,
bis ich mich füge.

Blick in den Abend

Kleine, verspielte Zärtlichkeiten,
geflüsterte Worte am frühen Abend,
wenn die Schatten aufsteigen
aus den Dämmerungen der Täler.

Ihre langen dünnen Finger klimmen hinauf
zu den Gipfeln, die in dem
bräunlicheren Horizont
sich lösen und fließen der geschiedenen
Sonne nach,
um in die Nacht mit ihr zu versinken.

Das Flüstern verhaucht in
der sanften Bewegung,
dem Kuss der bebenden Lippen
auf ihrem Nacken
und sie, die Geliebte, lehnt ihren Kopf
an die Schulter des Liebsten
im gemeinsamen Lauschen.

Was weiß ich

Was weiß ich? So höre ich ständig mich fragen
und höre damit nicht auf mich zu plagen,
denn darauf eine gültige Antwort zu finden,
bleibt ein Versuch, zu fangen und binden,
was keine Substanz hat und immer entgleitet,
wenn ich es zu fassen mich mühsam bereitet.

Was ich weiß, ist ein Kampf von
verwirrten Gedanken.
Versuchen von Lösungen,
die mir nichts bringen.
Ob es je mir gelingt,
zu entfernen die Schranken,
dass mein Suchen wird fündig
und es kann dann gelingen,
Zusammenhänge zu finden
und dabei entdecken,
wie sie Freude und Lebenslust
neu in mir wecken.

Sonnenbrand

Ich brauche nicht den lauten Ruf,
der müde Glieder aktiviert,
und jener Baum, der widerspenstig,
wenn er zu dem Gefühle fähig,
sich zwischen mich und ihr,
der heißen Sommersonne stellt,
er sollte mir willkommen sein,
da seiner Blätter Schirmung meine Haut,
noch ungewohnt und ungeschützt
vor der verletzenden Versengung
durch die grellen Hitzestrahlen schirmt.

Doch wenn ich aus dem Schatten trete,
mich dieser sanften Hilfe so entziehe,
dann wird mir die gereizte Haut,
die Rötung auf den Schultern
und dem Nacken,
eine sehr gestörte Nacht bereiten,
aus der ich mich erheben sollte
voller Demut und dem Vorsatz,
mich beim Schattenbaume zu entschuldigen,
dass ich so undankbar gewesen.

Ob aber Stolz und Eigensinn
mir solche Demut je gestatten,
bezweifle ich. Es wär nicht kompatibel.
Man lernt nicht mehr als man schon weiß,
und sich nicht eingestehen will.
So macht man sich selbst das Leben schwer.

Ausweglos

Was nützt es, wenn ich die Augen schließe!
Die Welt bleibt unberührt und nichts,
was ich verschwinden machen möchte,
bleibt hinter der Beschattung
durch der Augenlider Vorhang.

Es bleibt, was meine Hand berührt, wie stets
und rauscht in meinen Ohren
wie Meeresgischt,
von einem unsichtbaren Sturm gepeitscht.

Im Schlaf nur wird verschoben zur Chimäre
ein Daseinsbild, von dem ich mich
als Schöpfer gebe,
doch ist die Rückkehr in das Vorher
nur vermeidlich,
wenn sich der Schlaf vertieft
und, was mein Ich genannt,
darin sich auflöst und verschwindet.

Verdoppelung

Im ersten Schlummer war es, als ich merkte,
dass ich nicht ganz allein in mir.
Da war doch etwas, das sich wie ein Ich
zu geben suchte und dann daneben
oder auch darüber, irgendwo
das andere Ich verwirrt sich klammernd
an die Verdoppelung im Versuch,
sein Selbst zu finden und zu verstehen.

Der Einsame

Die roten und die blauen Farben,
die bunte Welt, die hohen Töne
und die Melodie des Schönen,
was Träume schenkt und Glück verheißt,
sind unbekannt der Hektik einer Stadt,
in der Romantik und Poesie
schon lange unbemerkt entwichen.

Doch abseits vom rasselnden Getriebe
der Hast und der Geschäftigkeit
blickt aus dem Fenster seiner kalten Stube
der Einsame. Er horcht in sich. Er lauscht
dem Klagen seines Herzschlags und er spürt,
wie seine Lippen fremde Worte bilden
wie im Gebet zu einem blinden Himmel.

Er geht vorbei

Er geht vorbei
oder war es sie?
Wer es auch war, nichts blieb,
und wollten wir erwarten,
dass es sich umdrehe nach uns,
nachdem es weiterging, vorbei an uns,
vorüber er, vorüber was auch immer,

so starren wir nur in den Rücken
der Vergangenheit und warten,
warten, dass ein kleiner Fingerzeig
sich zeige, dass wir uns erinnern könnten,
wer und wo wir einmal waren,
was um uns, mit uns ist geschehen.
...
Doch jener kleine Finger folgte dem,
was sich entfernte aus dem Jetzt.

Die ungewisse Form umschlingt
ein dunkler Mantel und verhüllt
was uns entwichen, bis es in der Ferne
sich auflöst und verschwindet,
was gewesen ist. Es ist vorbei.

Müde

Müde schon am Morgen,
wenn der Kaffee selbst fade schmeckt
und nicht den Geist weckt noch belebt,
die Schwere nicht aus meinen Gliedern nimmt,
nicht jenen vagen Nebel von den Augen,
die nur mühsam offen bleiben.

Gibt es irgendwo den Trunk,
vielleicht aus einer Zauberquelle,
der Kraft und Frische
in den schlappen Körper gießt,
dass ich dem Tag mit neuem Mut begegne,
und meine Stimme nach dem Lied sich formt,
mit dem ich mich
wie in ein neues Leben atmend öffne.

Wahllos

Kam ich zu spät, zu früh?
Wäre dies auch nur Option für den,
der sich in einem Irgendwo befindet,
das er als seine Welt ansieht,
in die er ungefragt hineingestellt.

Hätte es eine Wahl gegeben
wie hätte er, dem alles fremd,
auswählen können, was sein Schicksal sei,
hineingestellt dort, abgerufen,
wann es dem Steller so gefällt.

Wie ist das Vorher,
ist da ein Nachher,
und warum bin ich dort und hier,
ein Spielball im Pingpong
von unerkennbar dunklen Mächten.

Auf staubigen Wegen

Vergessen, verloren auf staubigen Wegen,
Stolperstein für müde Passanten,
die Stunden, von denen man
damals vermeinte,
sie trügen die Zeichen des Glücks
und der Dauer.

Doch keines entsprach und der Trug
der Vergänglichkeit,
er nagte und klagte: Wer wird mich
finden dereinst,
mich aus dem Dunkel heben,
Vergebung ihm schenken,
ihm, dem ich einmal geglaubt, dass er treu.

Er aber vergaß mich, verließ mich
auf staubigem Wege,
wo ich mich verliere, vom Staub
meine Sicht entstellt.
Vielleicht, dass ich irgendeinmal
noch dienen werde,
Stolperstein zu sein, bevor ich vergehe.

Selbstbesinnung

Verrostet ist, was früher blank und scharf,
das Wort, das ich als Schwert geführt,
und wie die Zeit mich unterwarf,
dass ich jetzt nichts mehr trinken darf,
das habe ich zutiefst gespürt.

Wie ich mit Altersschwäche ringe,
Gehör geschwächt, getrübt die Sicht,
und ich die klammen Finger zwinge,
um aufzuschreiben die Wunderdinge,
gelingt dies selten oder nicht.

Der Kopf scheint mir noch immer voll,
doch was dort an Ideen gärt,
verklingt zum wässerigen Moll
und nüchtern ohne Alkohol
fehlt meinem Schaffen jeder Wert.

Ersuche ich mich zu betrügen,
die Schuld auf etwas zu verschieben
und mich so feige zu belügen,
anstatt mich damit zu begnügen,
auszuschöpfen, was geblieben.

Die verlorene Melodie

Ich suche
und horche hinein,
dorthin, wo sie sein sollte,
weil sie dort meist,
nicht immer,
in mir klingt,
die Melodie.

Nur ein dumpfes Rauschen,
wenn mein Blut dort vorbeipulst,
und es steigt das Rauschen,
es steigt und ich folge,
steige in mir hinauf
bis hinter die Augen,
die ich schließe und horche.

Nur das schwache Rauschen,
so fern bleibt in der dunklen Leere,
die Melodie aber,
die ich suche und so gerne hören möchte,
sie ist nicht da.

Ich kann nicht hinter geschlossenen Augen
hocken bleiben,
ich muss sie öffnen,
den Tag einlassen und sein Licht.

Jetzt höre ich den Lärm um mich,
das Husten von nebenan
und mein eigenes Keuchen,
denn der Aufstieg war mühsam
auf dem steilen Weg in mir.
Aber ich habe sie nicht gefunden,
die Melodie.

Dem Atmen lauschen

Ich liebe es,
im Dunkeln deinem Atemzug zu lauschen,
und wenn ich mich im Bett und neben dir
hindrehe zu den leisen Streicheltönen
deines Atems, erahne ich die Konturen,
vermeine, dein Profil zu sehen,
zu hören, wie deine Lippen,
halb geöffnet,
im Atemrhythmus
leicht zu vibrieren scheinen.

Selbstbetrug

Es ist wohl kaum die Zeit,
in die Gebete frommen.
Wer sich dem Schmerz, der Trauer weiht,
wird, was er sucht, bekommen.

Der Gläubige wird stets beneidet,
und Hohn verbirgt die Gier
des Neiders, denn er leidet
und wünscht, dass jener ihn verlier,

den Glauben, den er selbst verlor.
vielleicht auch nie besessen.
Betrügt sich selbst und stellt sich vor,
dass er weise wär stattdessen.

Sag mir ins Ohr

Sag mir ins Ohr, flüstert es leise
das süße bezaubernde Wort,
das uns umfängt und führt auf die Reise
fern von des Alltags lärmenden Port.

Hin zu heimlich erträumten Gestaden,
den Ufern am südlichen Strand,
wo wir uns neue Gefühle laden
in der Verspieltheit heiterem Land.

Reich mir die Hand und wir drehen
uns im Kreise,
wie die Musik unsre Glieder trägt.
Und wir lauschen und summen die
schmachtende Weise,
die uns in den siebten Himmel trägt.

Freudloser Morgen

Warum fällt mir dies ein
und legt sich schmerzhaft auf die Brust
an diesem Tag,
an dem mein immer noch bewegter Sinn
sich in den langsam schon verbleichenden
Erinnerungen meiner frühen Tage
mit Dankbarkeit vielleicht,
doch mindestens mit leichter Rührung,
bewegen sollte.

Noch gestern spät
und im Versuch, den Schlaf zu finden,
dachte ich an meine Mutter,
die vor 92 Jahren mich aus ihrem Leib
mit Schmerzen in den Tag
oder vielmehr die Nacht entließ
und ich sah mich
als ein nacktes, winziges Leben,
ein Neugeborenes
von irgendwelchen Händen hochgehoben,
und ich dachte, wie jung war sie doch damals,
meine Mutter.
Dann kam der Schlaf.

Und jetzt,
am nicht mehr allzu frühen Morgen,
der mich zweifeln lässt,
ob ich mich freuen sollte, jammen oder singen,
und der mich in den Tag entlässt,
um ihn mit meiner Liebsten und Getreuen,
mit meiner Frau zu feiern,
dass ich da und weiter bin und dann,
endlich,
spüre ich,
wie sich mein Mund zu einem Lächeln
leicht verzieht,
und alles ist um mich
mit mir
und ich beginne, der Musik zu lauschen,
die irgendwo erklingen sollte.

Die steile Treppe

Eine Stufe kann man besteigen,
doch führt sie hinauf, führt sie hinab?
Den Mut, nur nicht verhalten, zu finden,
um aufzublicken, zu erkennen,
dass es nicht Anfang oder Ende
des Wegs, auf dem man sich befindet,
der Treppe, die unten, unter dem Tritt,
den wir eben begangen,
entfernt scheint und dunkelt
und sich vor uns nach oben erhellt.

Jetzt den Fuß heben und aufwärts!
Nur nicht verhalten, aufwärtssteigen,
wenn es mühsam auch ist und beschwerlich,
da wir die Last der Jahre tragen,
die unsere Sicht beängstigend einengt,
uns taumeln lässt, uns zu stürzen droht.
Doch Anhalten hilft nicht
und Schwindel ergreift uns,
wenn wir uns nicht fassen und mutig erheben,
die steile Treppe aufwärts zu steigen.

Wie kann man sich aber
zum Handeln entschließen,
wenn man seinen Blick nicht ausrichten kann,
nach einem Ziel, von dem man meint,
es sei und wäre wert unsrer Mühe,
es zu erlangen oder auch nur
Anerkennung, Bejahung zu finden.
Damit einen Sinn zu geben dem Leben,
der alle Enttäuschung ertragen lässt,
und selbst wenn wir irren,
beglückt uns der Trug.

Sterne

Dass die Sterne kalte Steine oder heiße Nebel
oder Sonnen sind, mag richtig sein,
doch kann es nicht verhindern,
dass Liebende in ihren Träumen
Himmel öffnen voller Klang und Schönheit,
bis der Schein erlischt
und sie ins Unbedeutende des Alltags stürzen.

Was soll dies Klagen, das Bedauern,
dass alle Helligkeit einmal dem Dunkel
sich ein wenig zögernd hingibt,
das Rast auf immer ihr gewährt.
Es ist der Tag doch schön nur,
weil aus der Nacht er ständig neu erwächst
und in sie heimkehrt im Wechselspiel.

Absatz

Wort vor Wort zu setzen
oder eines an das andre reihen,
wie sich beim Wandern Fuß vor Fuß,
einer vor den anderen und so weiter,
so wächst der Satz und formt sich
aus dem Leeren.

Wenn dieses Setzen einen Sinn verfolgt,
den selbst der Setzer kaum erahnt,
so kann es sein,
dass einmal das Gesetzte sich entsetzt
und absetzt den, der es gesetzt.

Dann aber wird das Wortgeflecht,
das so entfaltet eine Schlinge,
die schließlich jenen, der sie baute,
in sich aufnimmt, einverleibt
und sein Schweigen fordert.

Denn dieses könnte das Gesetz ergeben,
das festsetzt, wie und wo und wann
das Sein sich ein- und aussetzt
und sein Rhythmus
keinen Platz lässt für Ersatz.

Wessen Nächster bin ich

Wen interessiert es schon, was mich bewegt,
wer sucht mir eine Hand zu reichen,
wenn ich taumle?
Jene, die solche Dienste geben, ohne zu fragen,
sie haben die Antwort in sich selbst bereit,
die eine, der sie glauben,
und die andere, die sie zu handeln treibt,
um zu vergessen ihre eigene Erbärmlichkeit.

Wüsste er, dem solche Hilfe gilt,
um ihren Ursprung und ihr Ziel,
vergeblich drehte er zur Seite sich
und versuchte zu entrinnen.

Wie schön ist es

Wie schön ist es
mit offenen Armen den Freund zu empfangen,
der mit uns beschützt und verehrt,
was wir als Kostbarstes schätzen
und wehren die Bedrängnis und Drohung
durch jene, die fremd sind
und nicht bereit, uns zu helfen
das Leben zu meistern
zum gemeinsamen Wohl.

Reißt auf die Türen
und singt das Willkommen
dem Freund, der mit uns, für sich und für uns
seine Dienste froh und glücklich
zu verrichten gewillt.

Geschöpfte Schöpfung

Man könnte es so benennen oder so
und mit dem gewählten Namen
tritt es ins Sein.
Doch liegt es an uns und haben wir die Gewalt,
etwas durch seine Benennung
allein zu erschaffen,
so wie wir meinen, wie wir es haben wollen?

Das Wort jedoch und der Name,
sie kommen von außen.
Wir greifen danach, versuchen,
sie anzuwenden
und stolz zu bewundern, betrachten sie
als unsere Schöpfung,
was wir, verzeiht die etwas
plumpe Beschreibung,
nur aus dem ewigen Meer
des Lebens geschöpft.

Galopp und Flucht in den Abend

(R. M. Rilke Sonette an Orpheus Nr. 20)

Wer kann das Bild von
dem Schimmel vergessen,
der den losgerissenen Pflock noch
trägt an den Fesseln,
im wilden Galopp seine Freiheit
sucht in der Nacht,
und entflieht aus der Enge
zur herrlichen Weite.

Doch die Fessel verfängt sich,
es reißt ihn nieder, er stürzt,
überschlägt sich und wie
seine Sicht rotblutig zerbricht,
endet im Aufschrei der splitternden
Knochen zugleich,
was er gesucht und alles verliert
sich im Dunkel.

Das bezaubernde Lied erstickt
in der Dissonanz,
wenn der Tod im Gleichmut blindlings
Träume zerschlägt.
Orpheus, zerreiße die tönenden
Saiten der Lyra,
denn Klage verstummt zur Trauer,
wenn Schönheit stirbt.

Dreimal sagen

Du musst es dreimal sagen,
dann darf sich die Versuchung nähern.

Auch wenn der so Gejagte und Geplagte
sich nicht vom Wahn verwirren hätte lassen,
er wäre leichter an das Ziel gelangt
und vieles wäre ihm erspart geblieben.

Wozu in allen Welten stöbern,
wenn doch der Duft der schönsten Rosen
mit dem Verwelken sich verliert.

Jedoch liegt in Verschwendung Größe
und dreimal drängte nach Erwachen
der Niezufriedene, nach einem Ziel,
das sich im Ungewissen ihm verhüllte.

So Meister Goethe, der den Faust
doch alle Wege schleuste zur Verheißung,
bis der Geläuterte den Frieden fand,
geblendet in versprochener Illusion.

Darauf los gekritzelt

Sagte ich je *Danke* für alles, das du mir gabst?
Ich hätte es können, ich hätte es sollen,
doch mein Verstand ließ es nicht zu.
Ich musste mich fügen meiner eigenen Art,
die ich vielleicht ererbt,
doch sicher so in all den Jahre entwickelt,
da ich mich entgegensetzte, allem,
was dieses Leben mir zuwarf,
mir ins Gesicht schleuderte,
mit der Wucht der Verneinung,
der Härte des Hasses
und wenn es Vergebung geben sollte,
ich habe sie nie gekannt,
bin ihr nie begegnet.
Und nun?
Sollte ich diesem Schicksal danken?
Danken wofür?

Pause

Eine Pause habe ich mir gestattet
und weiß nicht mehr, wie lange und wozu.
Vom Spiel mit Worten war ich so ermattet,
dass ich bedurfte einer kurzen Ruh,
für einen Augenblick mich davon zu trennen,
in eine andere Dimension zu steigen.

Ich blicke in mich und ich muss erkennen,
wie leicht es ist,
sich vor dem Ego zu verneigen.
Stückwerk, was ich schuf und wenig wert
im Aug des Einen, der uns einst geschaffen
und zu dem alles einmal wiederkehrt
und schweigend sich in seine Fülle leert.

Alt und jung

Was soll man dazu sagen?
Wir waren jung und sind es nun nicht mehr,
doch jene, die noch höchstens lächeln,
wenn sie uns zusehen, wie wir mühsam gehen,
mit Schritten unsicher und zögernd,
so sind die Jungen heute und sie fordern
für sich den ersten Platz auf der Tribüne
von der sie selbst sich lauten Beifall spenden.

Was soll man dazu sagen?
Abwarten, sattsam schlürfen seinen Tee,
bis sie dann werden wie wir heute,
zumindest älter, wenn auch klüger nicht
und lasst uns daran denken, wie sie dann
so wie wir jetzt, ein wenig spöttisch, neidig
auf jene blicken, die die Jungen dann,
dann spendet Trost die Schadenfreude.

Paradies

Ob es ein Paradies gibt irgendwo?
Mag sein, doch steht es mir wie jedem frei,
davon zu träumen und mir auszumalen
ein Bild davon, das mir Ekstasen schenkt.

Friedlich darin zu wandern Hand in Hand,
wie Adam einst und Eva, reicht mir kaum,
in dieses Bild mich einzufügen und
so das höchste der Gefühle finden,
verbannt in dieses fade Einerlei.

Ein anderer aber liebt diese Idylle
und noch ein anderer möchte sie zerstören
und dies genussvoll suchen und erstreben.
Und weiter so, bis ich erkennen muss,
dass jedermann vom Paradiese träumt,
jedoch kein Paradies dem andern gleicht.

Wegdrehen

Dreh dich weg, sagt meine Frau,
von dem das dich so reizt, wenn du es siehst,
als Ordnungshüter dich zu geben.

Ich weiß, dass es mag Torheit sein,
die eine Ordnung anzustreben,
die diesem Land und allen denen,
die sich daheim hier und mit Recht erkennen,
der Tradition und Sitte voll entspricht.

Die Träger einer anderen Kultur,
die sich hier niederlassen wollen
sind keineswegs bereit, das anzunehmen,
was die, die dieses Land im Herzen tragen,
als Sitte pflegen und als Brauch.

Wenn ich so einem Eindringling begegne,
der offen seine Ablehnung,
Feindseligkeit sogar für jenes zeigt,
was man in diesem Lande schätzt,
dann geht der Hut mir hoch, wie man so sagt,
und meine Frau weiß das, hält mich zurück,
verbale Aggressivität zu zeigen,
da dies für mich gefährlich werden kann.

So drehe ich mich weg und denke,
dass dieses Land dem Untergang geweiht,
weil das Verneinen der Gefahr
diese nicht abschafft, sondern eher fördert.
Dass ich mich schäme, ändert nichts daran.

Beruhigung

Ruhig muss ich werden,
versuchen mit ruhigen Atemzügen
die verwirrenden Rufe
und störende Geräusche
aus meinem Kopf zu verbannen,
um Platz zu schaffen für die sanfteren Klänge
und die Bilder, die meine Phantasie
in dieser Leere erschaffen möchte.

Ich will sie aus ihren geheimen Verstecken
herauslocken, sie rufen wie ein Beschwörer,
der etwas zu finden erhofft, was vielleicht
nie existierte oder der Wirklichkeit fremd
nur in Verkleidung sich zeigt.

Versuche ich so eine Flucht
vor dem lärmenden Tag
und wenn, ist das Entfliehen nicht Feigheit,
Angst, sich in dieser Welt
behaupten zu müssen?
Könnte es sein, dass ich mir so wenig vertraue,
dass ich meine Schwächen und Stärken,
denn schließlich muss ich auch solche haben,
nicht erkenne oder zu nützen vermag?

Jetzt fühle ich, als ob ich mich sammle,
die Augen zu öffnen wage und schon
beginnt das Getümmel um mich,
leiser zu werden.
Die Bilder finden sich in einer Ordnung,
sie fügen sich rechts und links.

So öffnet sich ein Weg, der mir gestattet,
mich als ein Gegenüber
dem Tag zu stellen und in ihm zu sein.
Es verliert sich die Erregung,
der Herzschlag wird ruhig und
es klärt sich die Sicht
auf mich, auf die anderen, auf die Welt.

Sieg oder Niederlage

„*Ja!*", so möchte ich rufen und damit bejahen,
was immer um meine Aufmerksamkeit wirbt.
Dies aber ist keineswegs ein Ergeben
ins Schicksal,
kein *Nieder die Waffen* wie im Kriege
man sagte.

Im Gegenteil, fast ein fröhlicher Zuruf,
sich zu erklären offen als Freund oder Feind,
auf jeden Fall als Partner im täglichen Kampfe
in dem es Sieger gibt und auch Verlierer.

Doch auch wer einmal unsanft
zu Boden gestürzt,
er sollte immer mutig erneut sich erheben,
denn alle Wunden verheilen
und Tränen versiegen

so lange das Licht der Tage
die Hoffnung erhält
und bezaubernde Vögel fröhliche
Lieder singen,
Verlierer, Sieger, wer immer
zum Lauschen bereit.

Der Autor

Der 1931 geborene Rudolf Pernusch bewunderte schon immer die großen Dichter, schätzte aber auch die Außenseiter, über deren groteske Lyrik er seine Dissertation schrieb. Später war er bis zum Ruhestand als leitender Angestellter im Personalwesen für internationale Unternehmen tätig. Selbst dann war er noch immer voller Verehrung und Respekt für die Dichterheroen, wagte aber erst viele Jahre später, eigene Texte zu schreiben, bis er sich mit 91 Jahren für die Veröffentlichung einiger Gedichte entschied.

Rudolf Pernusch lebt in Klagenfurt und Paris. Er ist verheiratet und hat 3 Kinder. Nach „Schöne Aussichten – oder?" und „Viel Stufen hat der steile Weg" ist dies bereits die dritte Veröffentlichung des Autors im Vindobona Verlag.

DER VERLAG

ein Verlag mit Geschichte

Bereits seit 1946 steht der Vindobona Verlag im Dienst seiner Bücher und Autoren. Ursprünglich im Bereich periodisch erscheinender Journale tätig, präsentiert sich der Verlag heute als kompetenter Partner für Neuautoren am deutschen, österreichischen und schweizerischen Buchmarkt. Engagement, Verlässlichkeit und Sachverstand – das sind die Grundpfeiler, auf denen der Verlag seit jeher sicher steht.

Sie möchten mit Ihrem Werk das vielseitige Verlagsprogramm bereichern? Der Vindobona Verlag garantiert Ihnen eine professionelle Prüfung Ihres Manuskriptes durch das Lektorat sowie eine zeitnahe Rückmeldung.

Genauere Informationen zum Verlag
finden Sie im Internet unter:

www.vindobonaverlag.com

Rudolf Pernusch

Viel Stufen hat der steile Weg

ISBN 978-3-903574-11-3
132 Seiten

85 Texte und Reflexionen über Leben und Liebe, Jugend und Alter, Sein und Erinnerung. Texte, in einer Sprache geschrieben, die Leserinnen und Leser zwingt, innezuhalten, achtzugeben, die Oberfläche der Worte zu verlassen und zum Wesentlichen vorzudringen.

Rudolf Pernusch

Schöne Aussichten – oder?

ISBN 978-3-949263-72-9
154 Seiten

Der moderne Poet betrachtet unsere (un-)heile Welt aus der sicheren Perspektive seines Elfenbeinturms und könnte mehr als einmal an dieser, unserer Welt verzweifeln. Doch alles Wehklagen nützt nichts, schaut man nicht auch mit etwas Hoffnung in die Zukunft.